Edition Mercator

Sophie von La Roche

Niederrheinisches Tagebuch

Sophie von La Roche

Niederrheinisches Tagebuch

Herausgegeben und eingeleitet
von Günther Elbin

Mercator-Verlag

ISBN 3-87463-124-9

„Mich umzusehen und alles zu bemerken“

Sophie von La Roche unternahm in ihrem Leben drei große Reisen. Die erste fand im Jahre 1784 statt, als Sophie bereits 54 Jahre alt war. Diese Reise dauerte von Ende Juni bis Ende September und führte in die Schweiz. Im darauffolgenden Jahr weilte sie von Mai bis Juli in Frankreich, und wiederum ein Jahr später, 1786, besuchte sie von Ende August bis Ende November Holland und England, wobei sie auf der Hinreise auch den Niederrhein kennenlernte. Doch von jeder Reise brachte sie ein umfangreiches Buch mit. Ihr „Tagebuch einer Reise in die Schweiz“ umfaßte 434 Seiten und erschien 1787. Noch im gleichen Jahr veröffentlichte sie außerdem ihr 585 Seiten starkes „Journal einer Reise durch Frankreich“, während das „Tagebuch einer Reise durch Holland und England“ sogar 740 Seiten dick war und 1788 auf den Buchmarkt kam.

Da Sophie trotz aller Strapazen, wie sie in jener Zeit der holperigen Landstraßen, kaum gefederter Postkutschen und zumeist ungemütlicher Gasthöfe das Reisen nun einmal mit sich brachte, eine außerordentlich fleißige und disziplinierte Tagebuchschreiberin war, die selbst nach vielstündiger, durchrüttelnder Fahrt in ihrer Gasthausstube noch schrieb „bis mir die Augen zufielen“, brachte sie von diesen Reisen beinahe schon fertige Bücher mit nach Haus, die sie dann daheim in Speyer und später in Offenbach, wo sie seit 1786 lebte, bloß noch geringfügig zu korrigieren und zu redigieren hatte, bevor sie in Druck gingen. Nachdem jedoch die Leser schon das erste, das Schweizer Reisetagebuch geradezu verschlungen hatten, heutzutage würde man von einem „Bestseller“ sprechen, drängten ihre Verleger – Ulrich Weiß und Carl Ludwig Brede aus Offenbach – darauf, daß auch die folgenden Reisetagebücher aus Frankreich sowie aus Holland und England so rasch wie nur möglich auf den Markt kämen.

Das große Interesse der Leser hatte indessen verschiedene Ursachen. Erstens war das Reisen dazumal noch wenig verbreitet, und schon gar nicht war es üblich, daß Damen große Reisen unternahmen. Um so größer war da naturgemäß das Interesse an Reisebüchern, der oft einzigen Möglichkeit, etwas über fremde Länder und andere Sitten und Gebräuche zu erfahren, und zweitens zeichneten sich die Bücher Sophie von La Roches durch Spontaneität, die Frische brandneuer eigener Erlebnisse und Erfahrungen sowie einen scharfen Blick für Wichtiges, aber auch für Komik aus. Es fehlte ihnen die betuliche Zopfigkeit, die in der Literatur des späten 18. Jahrhunderts so häufig ist. Sie haben eher einen leichten Plauder, als einen gravitätischen Schreibstil; man fühlt sich wie von der Autorin persönlich angesprochen. Zudem nimmt sie kein Blatt vor den Mund. Auch nimmt sie es nicht immer ganz genau mit dem, was man einen „gepflegten Stil“ nennt. Andererseits haben ihre Texte bei aller Unbekümmertheit geradezu journalistische Qualitäten. Deshalb stört, weil man aus jeder Zeile, oder doch so gut wie jeder, Neues erfährt, nur wenige, daß manche Passagen „wie ins Unreine geschrieben“ wirken. Weiterhin besitzen ihre Bücher eine eminent weibliche Note. Denn sie sagte einmal selber von sich: „Ich bin mehr Herz als Kopf.“

Sophie von La Roche wurde als Sophie Gutermann am 6. Dezember 1730 in Kaufbeuren im Allgäu geboren. Sie stammte aus einem hochgebildeten evangelischen Elternhaus. Ihr Vater, Georg Gutermann, war Arzt und praktizierte erst in Kaufbeuren, dann in Lindau am Bodensee, bevor er als Dekan des medizinischen Collegiums nach Augsburg berufen wurde. Von ihrer Mutter, Regina Unold aus Memmingen, sagte Sophie später, sie habe stets, selbst beim Häkeln oder Stricken, ein aufgeschlagenes Buch auf ihrem Schoß liegen gehabt . . . Sophie selber galt als eine Art von Wunderkind: mit drei Jahren konnte sie bereits lesen, mit vier auch schreiben, mit fünf hatte sie schon die ganze Bibel durchgelesen und mit zwölf verwaltete sie die reiche Bibliothek ihres Vaters. Als Kind eines Gelehrten wurde ihr eine gediegenere Erziehung zuteil, als dies sonst bei Töchtern üblich war, und zu der Sprachen, insbesondere Französisch, das sie schon bald fließend beherrschte, ebenso gehörten wie Geschichte oder Astronomie. Trotzdem war sie alles andere als ein Blaustrumpf. Michael Maurer, der Herausgeber ihrer Briefe, äußerte über die fünfzehnjährige Sophie: Eine hohe Figur, regelmäßige Züge, langes, kastanienbraunes Haar, eine ausgezeichnete Tänzerin. Und von Goethe schließlich haben wir, in „Dichtung und Wahrheit", folgendes Bild von ihr:

„Sie war die wunderbarste Frau, und ich wüßte ihr keine andre zu vergleichen. Schlank und zart gebaut, eher groß als klein, hatte sie bis in ihre höheren Jahre eine Eleganz der Gestalt sowohl als des Betragens zu erhalten gewußt, die zwischen dem Benehmen einer Edeldame und einer würdigen bürgerlichen Frau gar anmutig schwebte."

Das offenbar einzige bekannte Porträt von ihr, ein Pastell von unbekannter Hand, stammt vermutlich aus den Jahren ihrer drei großen Reisen und zeigt eine bereits ergraute Dame mit schmalem Gesicht, hoher, klarer Stirn, sehr gerader, schmaler Nase und großen, dunkelbraunen Augen, deren Lippen ein zwar freundliches, wenngleich etwas skeptisch anmutendes Lächeln umspielt.

Als sie sechzehn, vielleicht aber auch erst fünfzehn Jahre alt war, fiel der Blick eines Kollegen ihres Vaters auf das hübsche und so außerordentlich gebildete Fräulein Gutermann – es war dies der Arzt Gian Bianconi, der aus

Bologna stammte und Leibarzt des Fürstbischofs von Augsburg war. Er brachte Sophie nicht nur Italienisch bei, sondern auch Mathematik und überredete überdies ihren Vater, ihre schöne Altstimme ausbilden zu lassen. Bald verlobten sich die beiden, doch die Verlobung ging schließlich wieder in die Brüche, weil man sich über die Konfession der in der Ehe zu erwartenden Kinder nicht einigen konnte – während Bianconi darauf bestand, daß sie katholisch getauft und erzogen würden, beharrten Sophie und ihre Eltern auf der evangelischen Konfession.

Nach einiger Zeit lernte Sophie jedoch einen jungen Mann namens Christoph Martin Wieland kennen, der eines Tages von sich sagen sollte, daß er erst über seine Liebe zu Sophie zum Dichter geworden wäre; es war der nachmalige Verfasser des seinerzeit hochgerühmten Romans „Agathon“ und der nicht minder gerühmten Verserzählung „Oberon“. Wiederum kam es zu einer Verlobung, wenngleich vermutlich nur zu einer heimlichen, doch auch sie wurde schon bald wieder gelöst. Dennoch blieben Sophie und Wieland nicht nur zeitlebens befreundet, ihre rege, über viele Jahre sich erstreckende Korrespondenz brachte Briefe hervor, die zu den schönsten des 18. Jahrhunderts zählen.

Am 27. Dezember 1753 aber, Sophie war nun dreiundzwanzig, heiratete sie den kurmainzischen Rat Georg Frank von La Roche, der außerdem Privatsekretär des Grafen Friedrich von Stadion war, des Großhofmeisters des Erzbischofs von Mainz. Die Trauung fand in der Kapelle des Stadionschen Schlosses Warthausen bei Biberach statt, und auf diesem Schloß lebte das jungvermählte Paar für etliche Jahre. Wieland, häufig zu Gast in Warthausen, hat in einem Brief das Schloß, die Schloßbewohner und das Leben dort geschildert:

„Das Schloß Warthausen liegt eine knappe Meile von Biberach entfernt auf einem Hügel, der Ausblick auf ein reizendes Tal gibt. Gärten und Parks sind im englischen Stil gehalten . . . Der Besitzer, Herr von Stadion, ist ein Mann durch und durch. Mit seinen zweiundsiebzig Jahren hat er noch das Feuer eines Franzosen von fünfzig, die schlichte Denkungsart und den Stil eines englischen Edelmanns. Ein Staatsmann, Kunstfreund und Plauderer par excellence . . . Bei ihm lebt seine Tochter, die Gräfin Schall, sein Favorit, Herr La Roche mit seiner Frau, ein amüsanter Arzt, ein Hauskaplan . . . und Sophies Kinder, die die schönste Freude des Grafen sind. La Roche ist ein würdiger und liebenswerter Mann. Er sieht zwar aus wie ein Höfling, aber er ist einer der ernsthaftesten Philosophen, die ich je in meinem Leben gesehen hatte. Es gibt nichts Schöneres als das Leben in Warthausen. Der Tag vergeht bei Lektüre, Plauderei, ausgedehnten Tafelfreuden und Spaziergängen und endet gemeinhin mit kleinen Konzerten.“

1768 starb Graf Stadion. Die La Roches blieben noch zwei Jahre auf dem Schloß. Dann zogen sie nach

Koblenz, wo La Roche inzwischen zum Konferenzminister des Kurfürsten von Trier ernannt worden war. Er wurde zu zahlreichen diplomatischen Missionen verwendet, zum Kriegsminister befördert und schließlich zum Kanzler des Kurfürstentums Trier berufen. Das war 1778. Zwei Jahre darauf aber wurde La Roche gestürzt. Der Grund seines Sturzes war seine „antirömische, aufklärerisch-bürgerliche Politik".

In der Zwischenzeit hatte Sophie acht Kinder zur Welt gebracht, von denen allerdings drei schon im Kindesalter gestorben waren. Durch ihre älteste Tochter Maximiliane, die mit Goethe befreundet war und den Frankfurter Großkaufmann Peter Brentano geheiratet hatte, war Sophie zur Großmutter von Clemens und Bettina Brentano geworden, die beide später eine Schlüsselrolle in der Literatur der Romantik spielten. Ihr Sohn Karl hingegen, der seine Mutter auf ihrer Reise durch Holland und England begleitete, in dem Tagebuch dieser Reise „mein Carl" genannt wird und durch sein großes geologisches Interesse auffällt, war preußischer Bergrat. Ein anderer Sohn, Fritz mit Namen, hatte sich als tapferer Offizier im amerikanischen Unabhängigkeitskrieg ausgezeichnet, in dem er auf französischer Seite focht. Später ging er nach Rußland. Dort verlor sich augenscheinlich seine Spur.

Sophie von La Roche hatte sich jedoch schon lange vor ihren drei großen Reisen einen Namen als Schriftstellerin gemacht. Bereits 1771 war in zwei Bänden ihr außerordentlich erfolgreicher Roman „Die Geschichte des Fräuleins von Sternheim“ erschienen. Goethe, Herder, Lenz, die Brüder Jacobi in Düsseldorf, ihr Freund Wieland, kurz jeder, der in der zeitgenössischen Literatur und der Literaturkritik Rang und Namen hatte, lobte den Roman in den höchsten Tönen. Außerdem begann Sophie in Speyer, wohin sich das Ehepaar nach dem Sturz des Kanzlers von La Roche zurückgezogen hatte, eine Zeitschrift herauszugeben, die „Pomona“ hieß – es war die erste von einer Frau herausgegebene Frauenzeitschrift, ja überhaupt die erste von einer Frau herausgegebene Zeitschrift. Sie erschien monatlich. In ihr hatte die Herausgeberin eine ständige Kolumne mit dem Titel „Briefe an Lina“, die bald auch gesammelt als Buch erschienen. Diese Kolumne richtete sich an ein fiktives junges Mädchen namens Lina mit dem Ziel, junge Mädchen aus gutem Hause zu klugen, gebildeten Frauen, guten Müttern und tüchtigen Hausfrauen heranzubilden. Außerdem schrieb Sophie regelmäßig für zahlreiche deutsche Literaturzeitschriften, Almanache und Kalender. Zwischen 1784 und 1786 unternahm sie endlich, wie schon erwähnt, ihre drei großen Reisen in die Schweiz, nach Frankreich sowie nach Holland und England. Seit 1786 lebte das Paar allerdings nicht mehr in Speyer, sondern in Offenbach, wo es sich ein Haus gekauft hatte, das Sophie in ihren Briefen gern als ihre „Grillenhütte“ bezeichnete. Georg Frank von La Roche starb im November 1788.

Sophie überlebte ihren Mann um neunzehn Jahre. Im Alter von siebenundsiebzig Jahren starb sie am 18. Februar 1807 in Offenbach. Nach einem Brief ihrer Tochter Luise von Möhn an Sophies Freundin Elise Fürstin zu Solms-Laubach starb sie „so, wie sie lebte: ruhig, sanft, geduldig, ergeben. Schmerzen hatte sie in den letzten acht Tagen gar keine, gänzliche Entkräftung war ihr Tod."

Der unseres Wissens seit fast zweihundert Jahren erstmals vollständig wieder vorgelegte Niederrheintext aus Sophie von La Roches „Tagebuch einer Reise durch Holland und England" bedarf heutzutage einiger Anmerkungen.

So schreibt Sophie beispielsweise gleich am Anfang ihrer Düsseldorfer Tagebucheintragung vom 17. August 1786: „Ich wünschte meine Jacobis zu sehen und bestellte sogleich eine Kutsche, um nach Pempelfort zu fahren."

Die Brüder Jacobi gehörten zu den Freunden Sophies, Pempelfort aber lag damals noch draußen vor den Toren Düsseldorfs. „Der Wohnsitz der Brüder Jacobi . . . in Pempelfort", schreibt Hugo Weidenhaupt, „war in der gesamten geistigen Welt bekannt. Der Dichter Johann Georg und der Philosoph Friedrich Heinrich Jacobi verstanden es, ihr Heim zu einem Zentrum des geistigen, besonders des literarischen Lebens in Deutschland zu machen. Fast alle Großen der Literatur waren hier zu Gast, anregend und angeregt: Heine, Wieland, Hamann,

Humboldt, Iffland und Herder ..." Goethe, ebenfalls ein Gast der Jacobis, schilderte den Landsitz der Brüder: „Ein freistehendes geräumiges Haus, in der Nachbarschaft von weitläufig wohlgehaltenen Gärten, im Sommer ein Paradies, auch im Winter höchst erfreulich. Jeder Sonnenblick ward in freier Umgebung genossen; abends oder bei ungünstigem Wetter zog man sich gern in die schönen großen Zimmer zurück, die behaglich, ohne Prunk ausgestattet, eine würdige Szene jeder geistreichen Unterhaltung darboten. Ein großes Speisezimmer, zahlreicher Familie und nie fehlenden Gästen geräumig, heiter und bequem, lud an eine lange Tafel, wo es nicht an wünschenswerten Speisen fehlte ..."

In der Klever Eintragung vom 18. August erwähnt Sophie den Xantener Stiftskanoniker Cornelius de Pauw. Heute erinnert an ihn ein Obelisk vor dem Portal des Doms von Xanten. Cornelius von Pauw, geboren am 19. August 1739 in Amsterdam, gestorben am 5. Juli 1799 in Xanten, war Ethnograph. Er schrieb Bücher über China, Nordamerika und Ägypten. Napoleon hatte ihm in Dankbarkeit den Obelisken vor dem Xantener Dom errichten lassen. Denn er hatte Pauws Ägyptenbuch vor seinem Ägyptenfeldzug „mit Genuß und Gewinn" gelesen.

Bei dem in der Schilderung der Stadt Kleve erwähnten „Präsidenten" handelt es sich um den damaligen königlich-preußischen Kammerpräsidenten Friedrich von

Buggenhagen, der auf der Klever Schwanenburg, seiner Residenz, ein „Museum für römische und vaterländische Altertümer“ eingerichtet hatte. Sein Nachfolger wurde 1794 übrigens ein Freund Sophie von La Roches: der Reichsfreiherr Heinrich Friedrich Karl vom Stein, der nachmalige Reformator des preußischen Land- und Städterechts und Befreier der Bauern von der Leibeigenschaft.

Ebenfalls in ihrer Beschreibung Kleves kommt Sophie auf den Klevischen Erbfolgestreit zu sprechen. Als das klevische Herzoghaus im Jahre 1609 mit dem Herzog Johann Wilhelm erlosch, kam es zu einer Teilung des reichen klevischen Erbes, das die Herzogtümer Kleve, Berg und Jülich und die Grafschaften Mark und Ravensberg umfaßte. Während der Kurfürst von Brandenburg das Herzogtum Kleve nebst den Grafschaften Mark und Ravensberg erhielt, fielen die beiden Herzogtümer Jülich und Berg an den Pfalzgrafen von Neuburg. Im späteren Verlauf der Geschichte fielen jedoch auch Jülich und Berg an Brandenburg-Preußen.

Bei jenem Herzog von Kleve, von dem es heißt, er habe sage und schreibe 64 Kinder gehabt, handelte es sich um Herzog Johann II. Er lebte von 1458 bis 1521. Die große Zahl seiner Kinder trug ihm im Volksmund den Beinamen „de Kindermaker“ ein.

Der in beträchtlichen Teilen bis auf den heutigen Tag erhaltene „Tiergarten“ machte Kleve – das seinerzeit neben Berlin und Königsberg die dritte preußische Haupt- und Residenzstadt war – zusammen mit weiteren Parkanlagen und den zahlreichen Lindenalleen zu einer in ganz Europa berühmten Gartenstadt. Diese Parkanlagen waren eine Schöpfung des Prinzen Moritz von Nassau-Siegen, der von 1647 bis 1679 kurbrandenburgischer Statthalter in Kleve war.

Der Baumeister der Stephanskirche zu Nimwegen hieß Gisbert Schairt. Er arbeitete außerdem am Xantener Dom mit und schuf die Pfarrkirche von Kranenburg. Die Nimweger Stephanskirche ist eine spätmittelalterliche dreischiffige Hallenkirche mit Querhaus, überwölbtem Südportal und einem um den Hochchor gruppierten Kapellenkranz. Der hohe, weithin sichtbare Turm mit seinen spitzbogigen Blendfenstern im zweitobersten und den Schallöchern im obersten Geschoß schließt mit einer Plattform mit umlaufender Maßwerkgalerie ab, aus der sodann eine kunstvolle, von einer goldenen Kugel bekrönte Renaissancelaterne emporwächst.

Das „Belvedere" in Nimwegen ist der Rest einer Burg und späteren Festungsanlage, die ihrerseits auf eine karolingische Kaiserpfalz zurückgeht. Es wurde knapp vier Jahrzehnte zuvor von einer anderen berühmten Reisenden beschrieben, der durch ihre „Briefe aus dem Orient" bekannten Lady Mary Montagu. Vom Belvedere hat man noch heute einen bezaubernden Blick in die Waal- und Niederrheinlandschaft, weit nach Deutschland und Holland hinein. Lady Montagu aber schrieb: „Auch gibt es hier einen Turm, den man mit Recht Belvedere nennt. Dort kann man Tee und Kaffee trinken und Törtchen essen und dabei die schönste Aussicht von der Welt genießen."

Günther Elbin

Auf dem Weg nach Holland

Wieder eine Reise! werden meine Freunde, meine Kinder und Bekannten sagen. – Ja es werden alle staunen, daß eine Frau, in meinen Jahren, die Gelegenheit und den Willen hat, solche Reisen zu machen, welche sonst ganz allein die Sache der Jugend, des Reichtums, der Freiheit und der Geschäfte sind. Yorik setzte noch zwei Arten Reisende hinzu: Kranke, die eine Hilfsquelle aufsuchen, und Wißbegierige, welche sich, auch außer ihrem Wohnort, nach der Erde und ihren Kindern umsehen. Zu der letzten Gattung gehöre ich; und meine Geschäfte sind – an der Seite einer höchst edlen Freundin, welche wegen ihrer Gesundheit reiset – mich umzusehen, und alles zu bemerken, was mir Unterricht und Freude geben kann. Da mein Herz mir das Zeugnis gibt, und alle, die mich kennen, wissen, daß ich so gerne alle Menschen glücklich sehen möchte, und immer gerne zu der allgemeinen Zufriedenheit beitrug; so hoffe ich, daß man diese, wirklich edle große Freude, auch mir gerne gönnt, und daß meine Kinder die Erzählung davon gerne lesen werden; besonders, da ich bei dieser letzten Reise, wie bei der ersten, einen meiner Söhne bei mir habe, und ihr gütiger Vater mir erlaubte, während seiner Abwesenheit meine verehrungswürdige Freundin zu begleiten.

Den 13. August

Heute speiste Herr Schmerz mit uns, und sprach viel über Holland, wohin ein Teil des Reiseplans gerichtet war. Die Unterredungen über den Gang und die Taten des großen Handlungsgeistes dieser Republik, machten mir den heutigen Tag eben so angenehm, als ich den gestrigen, bei den Gesprächen des Herrn R *, in Betrachtung des Glücks und der Verbesserungen, zubrachte, welche Herr Statthalter von Dalberg unter allen Ständen in dem mainzischen Thüringen, und Wieland in dem Gebiete der schönen Kenntnisse verbreiteten. Aber ich muß meinen Töchtern die Anmerkung eines Philosophen über mich mitteilen: Er lobte meine Freude über den Fortgang der Wissenschaften und Glückseligkeit der Menschen; er fand selbst, daß dieses Vergnügen dem größten, edelsten Manne Ehre mache; doch glaubte er zwei Züge der Weiblichkeit an mir beobachtet zu haben: – Einen, da ich mich bei der Nachricht aufgehalten: „Daß die Staaten von Holland, in Absicht, andere Zuckersiedereien zu Grund zu richten, jedem Zuckersieder ihrer Provinzen 15 Gulden Belohnung auf jeden Zentner rohen Zucker versprachen, den sie kaufen würden.“ – Da vermutete der stolze Scharfsinn des Mannes, daß meine ernste Aufmerksamkeit durch die Idee des Zuckers entstanden sei. – Aber er irrte sich, wie Männer des höchsten Geistes sich oft in ihren Urteilen über uns irren. – Denn mein Ernst ruhte auf dem Gedanken: Wie menschenfeindlich die Gewinnsucht in diesem Versprechen handelt, indem sie Preise zum Untergang dieses Nahrungszweiges bei andern Nationen aussetzt. Die zweite Ursache der getadelten Weiblichkeit wurde in dem Vergnügen gesucht, welches ich bei der Erzählung äusserte: „Daß sich in Holland Mietweiber finden, bei welchen sich die Mägde auf Sonn- und Feiertage artige Handwerksburschen zum Tanzen und Spazierengehen bestellen – wo das Mädchen die Frau und den jungen Mann für ihre Mühe bezahlt." Als nun Hr. Schmerz hinzusetzte: daß die Deutschen am besten bezahlt würden, und schon mancher wackere Handwerker dadurch eine gute Heirat gefunden hätte; so lächelte ich wirklich bei dem Gedanken dieses ertanzten Glücks unserer Landsleute. Denn diese Gewohnheit herrscht unter den rechtschaffensten Mädchen, so wie auch bei diesen Spaziergängen und Tänzen nicht die mindeste Unanständigkeit vorkommt.

Den 14. August

Reisten wir zu Wasser ab und waren abends um halb acht Uhr in Nauendorf unter Coblenz. – Der Tag war äußerst angenehm, der mit leichten Wolken überzogene Himmel schützte uns vor der großen Hitze, und wir konnten die herrlichen Gegenden des Rheins um so besser genießen. Weinberge, Felsen, alte Ruinen, lieblich, bald längs dem Ufer, bald auf einer Halbinsel liegende Dörfer, Klöster, Felder und Waldung, zwischen welchen wir den hier eingeschränkten Fluß hinuntergleiteten, machten, daß wir in der kurzen Zeit von 7 Stunden so viel wahre reine Freude genossen. – Schon waren wir an vielen Ruinen alter erloschener Familien vorbei, als mein Herz bei Erblickung von Lorch dankbar und ehrfurchtsvoll das Andenken der edlen Frau von Stein, geborenen von Langwerth, feierte, weil diese vortreffliche Familienmutter noch vier Tage vor ihrem Tode, mitten unter heftigen Schmerzen, ihre endlichen Einrichtungen in dem neuangekauften Hause und den Gütern besorgte, und den Einwohnern das Bild ihrer Weisheit und ihrer Güte einprägte. – Lächlen mußte ich bei Bacharach über den Stolz der Einwohner und ihrer Freunde, weil sie den Namen der Stadt der Güte ihres Weins zuschreiben, und behaupten, daß die Römer ihn so köstlich gefunden, und dem Bacchus an dem Ufer des Rheins einen Altar zum Dankopfer errichteten, diesen Ort durch die Benennung Bachiara bezeichneten, und im Herbst Bacchusfeste da feierten, woher in der

Folge der Name Bacharach entstand. Aber die Enkel werden einst bedauren, daß ihre Väter diesem Wein zu Liebe alle Wälder der nahen Berge ausrodeten, um Reben zu pflanzen, weil sie bald nicht mehr wissen, woher sie Bau- und Brennholz bekommen sollen. St. Goar mit der Festung Rheinfels sieht schön und wohlbevölkert aus. Der gute, fromme Mönch Goar, der aus Frankreich kam, an diesem, damals sehr einsamen Orte, eine Kapelle errichtete, und armen Fischern die Religion lehrte, dachte wohl nicht, daß einst um seiner Kapelle willen eine Stadt entstehen, und daß andächtige spanische Soldaten seine Gebeine stehlen, und als große Beute mit sich nehmen würden; so wie die vielen Edelleute und Ritterbürger, welche auf den Felsen am Rhein Schlösser und in den Städten längs den Ufern schöne Häuser erbauten, nicht dachten, daß sie einst alle verlassen dastehen und nur durch das malerische Ansehen ihres Zerfalls in den Augen eines vorbeireisenden Fremdlings einen Wert behalten und ihn veranlassen würden, nach dem Namen des Schuttes zu fragen. Sie sind wirklich so vergessen, die ehmaligen Bewohner dieser adeligen Burgen, daß niemand den Namen des ritterlichen Gerippes wußte, welches vor einigen Jahren, noch in völliger Rüstung und mit dem adeligen Helm auf dem Kopf, in einem der zerfallnen Türme zu Oberwesel gefunden wurde. Schön liegt die Kirche dieser Stadt, über alle Gebäude erhöht, zwischen lauter Bäumen, und kann von allen Seiten gesehen werden, so daß Einwohner und Vorbeireisende an die Verehrung des göttlichen Wesens erinnert werden, aus dessen Händen der prächtige Fluß, und alle die Anmut und Fruchtbarkeit seiner Ufer entsprang. Von den alten Schlössern Caub und Catzenellenbogen, von dem Gebäude Pfalz auf der kleinen Insel im Rhein, wo die Pfalzgrafen ehmals ihre angemaßte Gewalt über den Fluß, und den Zunamen Pfalzgrafen bei Rhein erhielten, will ich nicht viel erzählen, obwohl alte Familien- und Volksgeschichten ein großes Vergnügen für mich sind. Bopart mit seinen vielen verbrannten Türmen bekommt etwas Anziehendes, wenn man weiß, daß Kaiser Heinrich der Siebente ein Schloß da hatte, welches er mit der Stadt seinem Bruder, dem Churfürsten Balduin zu Trier, schenkte; die Stadt aber eine freie Reichsstadt bleiben wollte, deshalb vom Erzbischof belagert und verbrannt wurde, also diese Ruinen ihrem Landesherrn zu danken hat. Wir hörten, daß der Evangelist Markus Schutzherr von Braubach sei, und die Festung deswegen Marxburg heißt; daß diesem geweihten Schloß gegenüber Rheinberg stand, welches von dem Churfürsten Werner von Mainz als ein Raubnest zerstört wurde; und daß auf dem Schloß Lahneck die versammelten Churfürsten den Kaiser Wenzeslaus absetzten. Alles dieses zu wissen, ist ein Teil der Freuden meiner Reise.

Bonn, Münster
(Stahlstich: L. Lange / Rohbock, etwa 1820)

In der Gegend bei Bonn, den 15. August.

Von der Geschichte der Stadt Coblenz kann ich euch, liebe Kinder, nicht viel Neues sagen, da es euch schon lange bekannt ist, daß der Name von dem Zusammenfluß der Mosel und des Rheins entstand; daß die Römer ein Castel auf dem Platze hatten; daß Heinrich der Zweite Coblenz zu einer Stadt machte, und sie der Kirche von Trier schenkte; daß verschiedene Kaiser in dem alten Schloß wohnten, und daß man behauptet, die Festung Ehrenbreitstein habe ihre erste Anlage auch den Römern zu danken. Vielleicht denken meine Töchter, daß die Römer zu oft vorkommen. Aber ich möchte ihnen sagen, daß es zwei sehr gute Ursachen hat: Einmal die Wahrheit, daß die Römer, bei ihrem unersättlichen Eroberungsgeist, Künste aller Art lange vor unsern Vorfahren voraus hatten, und also ihre Baukunst gegen den wilden Mut unserer freien Väter gebrauchen mußten, um sie im Zaum und in der Ruhe zu halten. Dann ist gewiß die zweite Ursache in dem Stolz anderer Nationen, welche immer gern entweder selbst von großen Vorfahren abstammen, oder etwas von einer großen Nation besitzen wollen, zu suchen.

Als wir gegen Engers, das verlassene, obschon neuerbaute Lustschloß der Churfürsten von Trier kamen, und die Residenz des Hauses von Neuwied erblickten, so erinnerte ich mich mit erneuter Verehrung und Dankbarkeit jeder Tugend, welche ich in diesem Hause kenne, und jeder Güte, welche ich genoß. Es freute mich, den Gedanken zu wiederholen, welchen ich einst bei Betrachtung des alten Schlosses von Wied hatte: daß es für eine Frau, welche die Geschichte von Wied kennt, sehr angenehm ist, zu denken: „Die Herrschaft und der Name kam durch eine Dame in das Haus Isenburg; und Damen machen es noch heute durch ihre Verdienste glänzend." – Die Unterredungen meines Sohns von seinem König, von dem würdigen Minister von Heinitz, seinem Beschützer, und von der Bergwissenschaft, erfüllten die Stunden von Coblenz bis Bonn.

Mein guter Carl gab Anlaß, von der Einrichtung der Studien zu reden, welche besonders zur Bergwerkswissenschaft gehören, und seine guten Eigenschaften lenkten das Gespräch überhaupt auf Erziehung, und wie glücklich es sei, in den ersten Jahren eine gute Richtung zu erhalten und in die Hände eines klugen und rechtschaffenen Lehrers zu kommen. In den wechselseitigen Bemerkungen über Lehrmeister, welche die beiden edlen Brüder v. H * hatten, erzählte mein Sohn die auffallende Begebenheit: „Daß Hr. v. L – th, ein junger schätzbarer Offizier in preussischen Diensten, unvermutet seinen gewesenen Hofmeister als einen abgemergelten alten Soldaten in seiner Kompagnie fand, – und demselben am Ende keine andere Wohlthat zu erzeigen wußte, als ihn auf seinen Gütern zum Nachtwächter zu machen, und ihm sein Gehalt zu vermehren, weil der Mann in Sitten und Verstand so herabgesunken war, daß nichts anders getan werden konnte." Diese Anekdote brachte mich auf einige Zeit in trauriges Nachdenken: Wie oft die besten Eltern das Unglück haben, ihre guten Kinder schlechten Leuten zu übergeben, von welchen ihnen gute Zeugnisse zukamen, denen sie glaubten, und weit entfernt waren zu denken, daß in ihrem Hause, nur wenige Schritte von ihrem Zimmer, der untreue, schlechte Mann ihre Kinder nicht nur versäumt, sondern sie auch verdirbt. Ich war so nah an diesem Unglück, daß mir noch schauert und daß ich den Himmel bitte, alle Mütter vor diesem Kummer zu bewahren.

Köln, den 16. August.

Ich sah gestern mit viel Vergnügen nach den Bergen, welche mein Carl bemerkte, und mit Eifer wünschte, Freiheit und Zeit zu haben, bald diesen bald jenen zu besteigen und zu untersuchen.

Bei den Ruinen des Schlosses Rheineck, welches ehedem den Burggrafen dieses Namens gehörte, und jetzt nur noch sieben Untertanen zählt, erinnerte er sich, daß die Markgrafen von Brandenburg ehemals Burggrafen von Nürnberg waren, und bemerkte die Verschiedenheit, welche die Zeit und große persönliche Verdienste zwischen diesen Burggrafen machte. Er wunderte sich über die Menge Basalten, welche er im Bette des Rheins, an den Bergen und den Ufern sah. Ich erinnerte mich lebhaft an den weisen, schätzbaren Herrn de Luc aus Genf, welcher mit Herrn Collini aus Mannheim die Rheinländer zuerst auf diese Naturbegebenheiten aufmerksam machte. Viele Jahre wurde Traß (klein gebröckelter Bimstein) zum Wasserbau nach Holland geführt; Jahrhunderte lang wurden in Bonn, Andernach, Köln, Remagen und andern Orten die Stadtmauern, die Straßen und Häuser aus Basalt gebaut, ohne daß jemand wußte, oder daran dachte, daß Traß und Basalt ihr Dasein einem feuerspeienden Berg schuldig sind; daß in diesen Gegenden vor Jahrtausenden dergleichen gewesen, vielleicht Jahrhunderte lang eine fruchtbare Landschaft verheerten, und erst den Einwohnern wieder durch ihre Überbleibsel nützlich wurden, denn jetzo stehen Wälder in den Höhlungen, aus welchen einst Feuer emporstieg, und die Basaltmasse glühend dem Rhein zufloß. Klöster und adeliche Burgen wurden an der Seite und auf den Höhen eingestürzter Krater erbaut, wie die sieben Berge bei Bonn die deutlichste Beweise geben.

Hier weichen die Berge, welche den Rhein eingeschlossen halten, zu beiden Seiten ab, und Bonn liegt in einer angenehmen Ebene, wo der letzte Kurfürst aus dem Haus Bayern schöne Gebäude aufführen ließ, wodurch er, so wie seine Vorfahren aus dieser Familie, alle Gattungen Künstler beschäftigte.

Auch diese Stadt rühmt sich, ein römisches Kastell gewesen zu sein, einen sehr verehrten Altar des Merkur und mehrere Altertümer eines großen Tempels gehabt zu haben, dessen Andenken ihr lieber ist, als daß hier 1583 die erste protestantische Predigt den großen Eindruck auf den Kurfürsten Truchseß machte, welche ihn bewog, Kurhut und Bischofsstab zurückzulegen und mit der schönen Gräfin Agnes von Mannsfeld ruhig und eingeschränkt als guter Ehemann in Holland zu leben.

Ich machte in Bonn die Bekanntschaft einer recht vernünftigen Bürgersfrau und sah ihre kleine, nur ein halbes Haus vorstellende Hütte an der Stadtmauer, in der ich viel Ordnung und Reinlichkeit fand. So lange sie gesund sind, haben sie meist ihr Lager auf dem kleinen Speicher: bei dem Wochenbette und in großer Krankheit aber in

Köln-Panorama, um 1840
(Kupferstich von Janscha / Ziegler,
nach einer Zeichnung von Ludwig Lange)

der Stube. Wer diese Frau besucht, und nicht dankbar für seine bessere Wohnung ist und nicht mit Liebe zur Reinlichkeit von ihr geht, muß ein hölzernes Herz und sehr wenig Freude an Ordnung haben. Ehe wir abreisten, staunten wir noch über die ungeheure Basaltsäulen, welche als Eckpfosten an dem Tore stehen.

Hier in Köln genossen wir noch im Gasthofe zum Geist die schöne Aussicht auf Deutz über den Rhein und auf die erstaunliche Menge Holz und Steinkohlen; sahen viele Spaziergänger am Rhein, und das Böse und Gute der Schiffsleute, indem sich auf einem Schiffe etliche mit Fäusten schlugen, auf einem anderen einige Leute sich die Hände gaben, und liebreich Abschied nahmen; andere sich Dienste leisteten.

Nachts beleuchtete der Mond den Rhein gerade in der Richtung, daß seine Strahlen die Wirkung einer weiß glänzenden Feuersäule machten, welche den Strom hinab zitterte. Es ist übrigens mit dem Ursprunge und der Geschichte dieser Stadt, wie mit allen merkwürdigen Orten am Ufer des Rheins. Immer haben die Römer ihnen eine Wichtigkeit gegeben; nur behauptet Köln einen Vorzug, weil sie ihre Vergrößerung der Kaiserin Agrippina, Gemahlin des Claudius, dankt, welche während den Feldzügen ihres Vaters Germanicus hier geboren wurde, und ihre Geburtsstadt verherrlichen wollte.

Der große Fluß vermehrte natürlich die Vorzüge dieser Stadt. Aber sie hatte auch viele Widerwärtigkeiten zu bekämpfen, und es würde auch ermüden, wenn ich nachholen wollte, wie oft die gute Stadt belagert und verheert wurde. Kaiser hatten sie frei gemacht und die Erzbischöfe wollten sie als Eigentum besitzen. Da entschied, wie man behauptet, Rudolf der Erste den Streit dahin: „Man solle die Schlüssel der Stadt auf ein zwei Stunden davon entlegenes Feld führen, und die Mannschaft des Bischofs mit denen von der Stadt darum streiten lassen, wer die Schlüssel davon trüge, solle die Stadt behalten." Sie blieben den Bürgern, und die Erzbischöfe sind es nun zufrieden.

Der Anfang und die Blüte des holländischen Handels hat auch dieser Stadt unendlichen Reichtum gegeben. So wie das Erzstift sehr reich war, ganze Herzogtümer und viele Herrschaften mehr besaß und deshalb die vortreffliche unvollendete Kirche, welche 1248 angefangen wurde, in den folgenden Jahren hätte endigen können, es würde dann nirgends ein so kühnes und prächtiges gotisches Gebäude zu finden sein! Man betrachtet die halbgeendigte Seite mit Entzücken und bedauert, daß der Geist und das Vermögen entwichen ist, das Ganze auszuführen. Im Innern der Kirche stehen auch die Gerüste und zeigen, wie viel noch fehlt. Im hohen Chor, welcher sehr schön ist, bewunderten wir die Vorstellungen der Venus und Liebesgötter auf den umhängenden Tapeten.

In die Gerionskirche, wo tausend Köpfe von Heiligen umherstehen, und zu der Kirche der heiligen Ursula, wo gar elftausend gemarterte Jungfrauen verehrt werden, kamen wir nicht. Aber wer die Erzählungen über die Stiftung der vielen Kirchen sammeln wollte, erhielte eine schöne Menge sonderbarer Geschichten; denn sogar dies behaupten sie: der Sohn der Witwe zu Nain habe zuerst das Evangelium bei ihnen gepredigt und er ist auch sogleich Schutzheiliger des ganzen Erzstifts geworden.

Wir besuchten die Kapelle, wo die Körper der heiligen drei Könige, welche 1162, unter Kaiser Friedrich dem Ersten, bei der allgemeinen Plünderung von Mailand gerettet wurden, in einem silbern und vergoldeten, mit vielen Perlen und geschnittenen Steinen besetzten Kasten aufbewahrt werden. Ich bedauerte, daß das eiserne Gitter umher so eng und genau angschlossen ist, daß man nur mit Mühe um den Kasten herumkommen kann, und daß das Ganze nicht das mindeste Ansehen von Würde behält. Unter den Perlen, den Medaillen und den geschnittenen Steinen sind vorzügliche Antiken. Der Kasten ist von erhabener Arbeit, mit vielen kleinen Säulen und Figuren von gegossenem und vergoldetem Silber.

Von der Domkirche gingen wir zu den zwei schätzbaren Brüdern Hardi, welche als Kenner und Liebhaber der Naturgeschichte einen schönen Weg miteinander gehen, indem sie einen ungewöhnlichen Forschungsgeist besitzen, durch welchen sie mit ihren selbst verbesserten Vergrößerungsgläsern 38 Gattungen der Rädertierchen entdeckten, von denen bisher nur 26 bekannt waren. Da

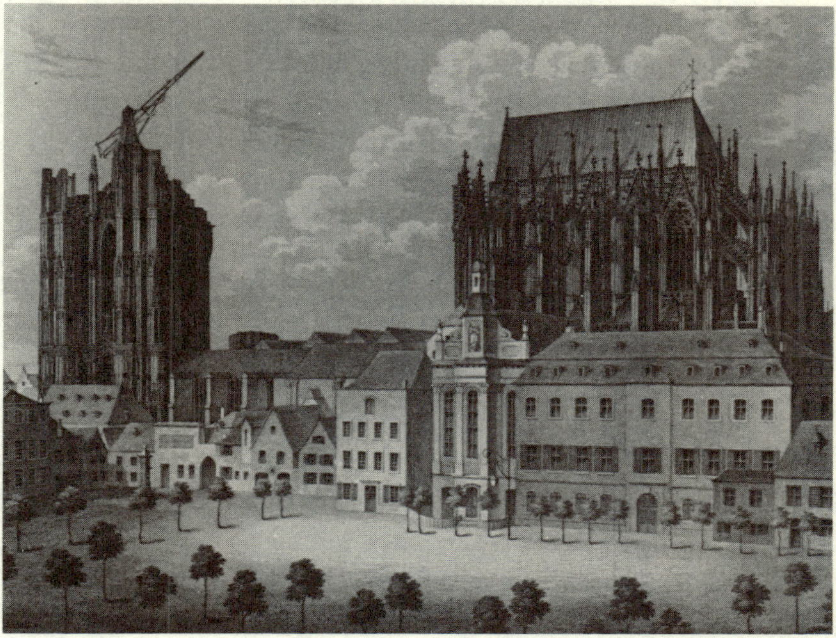

Der Kölner Dom vor dem Weiterbau
(Stahlstich von C. Mayer
nach einer Zeichnung von Zwirner)

diese Tierchen nur meist in den bleiernen Dachrinnen gefunden werden, und sie in der glühenden Sonnenhitze, wie im Regen, fortleben, so versuchten diese Herren andere Todesarten und fanden, daß der elektrische Schlag ihrem kurzen Dasein auf einmal ein Ende macht. Wir sahen ihrer viele in ein paar Tropfen Wasser, wie in einem See herumschwimmen, und andere Tierchen haschen. Sie zeigten auch den uns Frauenzimmern unbekannten Samen des Gürtelkrauts; und wie ich glaube, allein deswegen, weil er unter dem Vergrößerungsglas, in einer durch den Hauch erregten unvermeidlichen Bewegung, lauter niedliche blaue Blümchen zeigt. Den ostindischen Diamantenkäfer sah ich hier zum erstenmal. Die Natur hat an den Flügeln dieses Tiers, auf einem blaßgrünen Grunde, die schönsten Farben verschwendet. Mich soll wundern, ob nicht einmal die Bertin in Paris den Brautrock einer Königstochter unsers Europa mit diesen Flügeln ziert, wie mit den Federn des Kormoran! Den kleinen Ofen, welcher oben den Magnet anzieht, und ihn unten wegstößt; hundert Werkzeuge zu allerlei Künsten und schöne in Wachs poussierte Bilder bewunderten wir.

Schätzbar ist die Sanftmut, Höflichkeit und Bescheidenheit dieser zwei Brüder. Der ältere immer den jüngeren sich vorziehend, als ob er nur Handlanger des jüngeren wäre. Schätzbar diese edle Verwendung ihres Lebens, zwischen Arbeit und Lesung aller physikalischen Schriften, wobei sie gleich die Versuche überdenken, nachahmen und in Vielem weitere Entdeckungen machen und ihre Bemerkungen aufschreiben. Mein Herz war bei diesem schönen Bilde der brüderlichen Eintracht unendlich gerührt und ich fügte zu meinem Abschied und meiner Danksagung einen aufrichtigen Wunsch für ihr Leben, welchen die edlen Männer mit vieler Freundschaft annahmen.

Düsseldorf, den 17. August.

Wir kamen noch gestern hieher. Ich wünschte meine Jacobis zu sehen und bestellte sogleich eine Kutsche, um nach Pempelfort zu fahren, während die übrige Gesellschaft die Bildergalerie besuchte. Aber ich sah Pempelfort nicht, und Friedrich Jacobi nur einen Augenblick: da der edle, rechtschaffene Mann auf das arme Zettelchen, welches man ihm schickte, sogleich in die Stadt kam und uns Alle bei der Rückreise auf einige Tage zu sich bat. In den wenigen Augenblicken, da ich ihn sah, erzählte er von seiner Reise nach England und erhöhte dadurch unsere Freude im voraus.

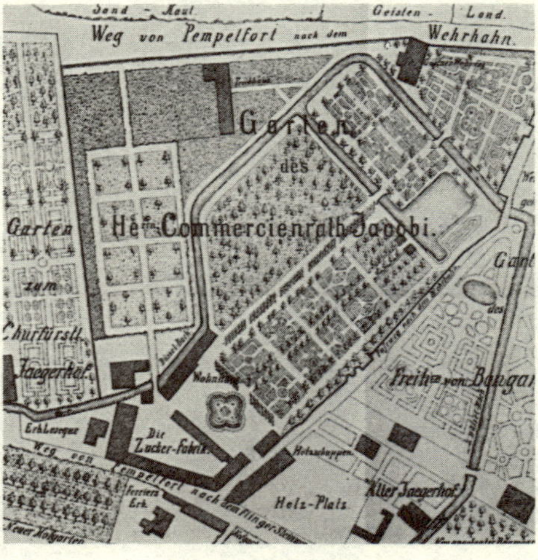

Bei dem Abendessen sprachen wir, wie alle Reisenden, mit den andern von den Wegen, welche wir getroffen; wie angenehm die Ufer des Rheins bis Köln sind und wie sandig und tief der Weg von Köln bis Düsseldorf sei. Doch hatten wir auch die Menge Hafer- und Heidekornfelder bemerkt und uns an der innigen Andacht der beinahe unabsehlichen Reihe Wallfahrer ergötzt, welche nach Käfertal zu einem wohltätigen Marienbild wanderten. Wir trafen sie zum Teil gerade noch auf einem Ruheplatz zu beiden Seiten der Straße gelagert an, da sie den letzten Bissen ihres Abendbrots aßen und etwas tranken, dann aufbrachen und den andern mit Beten und Singen folgten. Wir konnten, wegen dem tiefen Sand auf der Höhe, nicht schneller fahren, als die guten Leute gingen und blieben also eine halbe Stunde lang zwischen ihnen, da die Männer auf einer, die Weiber auf der andern Seite ihren Weg verfolgten. Erstere alle mit unbedecktem Haupt, die Weiber hingegen hatten weisse Tücher, in Falten eines Nonnenschleiers, um die Köpfe gebunden.

Bei dieser einfachen Erzählung spottete ein junger Offizier über Prozessionen und im Fortgang seiner unverdauten Gedanken auch über den Papst. Ein protestantischer Geistlicher widersprach ihm und geriet in seiner Ideenverbindung auf ein langes Gespräch über Lavater, den er ebenso eifrig verteidigte wie den heiligen Vater.

Carl kam an einer andern Ecke des Tisches mit einem Fremden in eine Unterredung über Gebirge, und bald

Düsseldorf
Marktplatz mit dem Rathaus, um 1800

waren wir alle auf dem Riesengebirge in Schlesien und wunderten uns, mit mehr oder weniger Kenntnis, über die sonderbare Abänderung der Schichten dieses Berges, welche viermal in Kies und Granit wechseln. Ein guter, bis zu Ende dieses Artikels schweigender Tischgenosse lächelte auf uns alle umher und sagte: „Ja, da können die Bergleute lange grübeln und die Ehymisten lange aussieden, und dennoch die Ursache nicht finden, warum die Natur dieses Zeug so legte.“ Niemand widersprach dem guten Manne und so schwieg er wieder, mit einem so zufrieden Wesen auf seinen Teller vor sich schauend, als ob er seinen Sieg mit Bescheidenheit genießen wollte. Dieses Wenige von verschiedenen Menschenauftritten bestätigte unsern Vorsatz: immer, wie andere Fremdlinge, an der Table d’hôte zu speisen.

Kleve, den 18. August.

Heute ein schöner, angenehmer Tag, und reich für mich. Die Post von Düsseldorf nach Hochstraaten zieht sich auf acht Stunden in die Länge, durch lauter Kies und groben Sand. Man trifft aber schöne Gebüsche, Buchenwälder, Feldblumen, Klee und Haferfluren, auch große Strecken Flachs dazwischen, Heidekorn in wirklicher Pracht, Erdäpfel in blauer Blüte, dann gepflanzte Buchenwälder, welche vortrefflich stehen und worin wir, auf einer Ecke dieses lieblichen Waldes, eine sehr malerische Gruppe schwarz und grau gefleckter Kühe sahen, welche während dem Weiden zwischen den Bäumen gegen die Landstraße zu sich so gestellt hatten, daß der größte Maler sie gewiß mit Entzücken gezeichnet hätte.

Die Bauernhäuser hier sind schon auf holländische Art von Backsteinen erbaut, und die Fugen weiß gemalt. Die Leute haben wie mich dünkt etwas Träges, halb Ordentliches, halb Nachläßiges an sich.

Im Posthaus zu Hochstraaten fanden wir köstlichen Salm, Butter, Brot und Wein, neben einem artigen ländlichen Garten. Der Wirt lobte die preußische Regierung, und setzte hinzu: daß sie zu Ankauf und Verbesserung der Güter Geld genug für 3 Procent haben könnten. Auch zum Anfang eines Handels würde es ihnen so gegeben. Das ganze Land steht schön, das Gras und die Feldfrüchte wirklich fett. Der Wirt hatte alle Ställe voll Vieh, welches wir sahen. Die Hühnernester dünkten uns etwas

Der Marktplatz in Wesel
(Kupferstich von L. Rohbock)

sonderbar, weil sie in Gestalt von Trichtern aus Stroh geflochten, und so an die Wände in dem Kuhstall aufgehängt waren.

Da die Posten hier zu Lande viel länger gemessen sind als bei uns oder in Frankreich und England, so dünken einem auch die Stunden länger, obwohl sie uns durch artige Aussichten verkürzt wurden. Denn auf der Höhe von Hochstraaten sahen wir die Festung Wesel und eine herrliche Landschaft um sie her, welche unser Rhein durchströmt, und wir sahen sie lang, denn der Weg geht durch lauter sehr tiefen wirklichen Meersand. Ein Beweis, wie lange einst die See hier herrschte, da diese letzten Spuren ihrer Macht noch Jahrtausende nach ihrer Entfernung unüberwindlich bleiben.

Drollig dünkte uns der angegebene Ursprung des Wappens, der, mit einem Teil des Herzogtums der letzten Herren von Kleve, an das Haus Brandenburg gefallnen Stadt und Festung Wesel; welche sich auch eines römischen Herkommens rühmt, und demnach, zum Andenken der großen Menge Wieselchen, welche sich in dieser Gegend befanden, drei Wiesel zu ihrem Wappenschilde wählte. Stolz und Habsucht der Menschen jener Zeiten sind wohl zum Teil in ihren angenommenen Kennzeichen immer sichtbar. Deswegen findet man so viele gewaltige Raubtiere in den Wappen und unter den Schildhaltern: Löwen, Adler und Bären. Aber kleine in der Nacht schleichende Raubtierchen, wie Wiesel, sollten von einer römischen Colonie verachtet worden sein, doch diente dieses Wappen von Wesel und der Löwe von Holland 1629 zu einem Sinnbild auf einer Medaille, wo der Löwe dem Fuchs einen Wiesel entreißt, weil Holland den Spaniern die Stadt Wesel nahm.

Wesel, Stadtwappen

Bald darauf kamen wir in das artige Städtchen Xanten, welches immer mit Hochachtung genannt werden wird, weil der verdienstvolle Stiftsherr de Pauw da wohnt und in den Mauern dieser Stadt den Schwung seines historischen Forschungsgeistes über Ägypten und Amerika entfaltete. Der Zufall verschaffte uns die Bekanntschaft dieses bei seinen unendlichen Kenntnissen und Ruhm so freundlichen und bescheidenen Mannes. Er arbeitet jetzt an der griechischen Geschichte und sucht diese Nation und ihre Gesetze jungen Leuten nützlich zu machen. Aber, ungeachtet ich von der Freude über seine persönliche Bekanntschaft und von Verehrung für ihn durchdrungen war, so tat es mir doch wehe, von ihm zu hören: „Daß er eben so gerne etwas über den Charakter und die Geschichte der Deutschen schreiben würde, aber nichts so Interessantes darin fände, als in den Jahrbüchern der ältern asiatischen Völker."

Ich war in einer schlimmen Lage, zu wählen: ob der vortreffliche Mann Vorurteile oder ob unsere Nation keine merkwürdigen Züge des Geistes und der Taten habe. Er erzählte uns auch von seinem Aufenthalt bei Friedrich dem Großen in Potsdam, wo er drei Jahre lebte, aber die Hofluft und Tafel nicht länger ausdauern konnte. Er sprach mit Beredsamkeit und mit Liebe von diesem König, welchen der Schöngeist Diderot nur den „kleinen Voltaire" nannte. Ich werde schwerlich wieder bei einem Topf Tee so viele geistvolle Gedanken über die wichtigsten Teile unsers Erdbodens und die Geschichte ihrer Bewohner hören. Ich wünschte beim Abschied, daß Herr Pauw mit uns reisen und seine Beobachtungen über den Charakter und die Geschichte der Engländer und Holländer uns mitteilen könnte. Es ist zu wenig, einen solchen Mann nur im Vorbeireisen zu sehen und zu hören. Tief in meiner Seele war der Wunsch, daß wir in Xanten übernachteten, und hätte dieses sein können, wo würde Herr Pauw, da es noch sehr hell war, gebeten worden sein, uns die dreißig so schön gearbeiteten Altäre seiner Kirche, welche die schönsten im ganzen Königreich Preussen sein sollen, zu zeigen und dann mit uns zu Nacht zu speisen. Was für ein Rasttag würde dies geworden sein! Dieser edle, treue Arbeiter für den Nutzen und das Vergnügen so vieler Tausender lebt hier einsam, allein mit seinen Büchern. Gewiß hätte er uns auch gedankt, wenn er sich mit einem unserer Reisegefährten satt gesprochen hätte.

Wir kamen spät in das Posthaus der Vorstadt, der Residenz der alten Herzöge von Kleve, durch lauter Alleen von hohen Buchen, aber selbst mit der Post nur Schritt vor Schritt, durch die tiefen Wege voll Meersand. Mich dünkte im Posthause und der sonst artigen Vorstadt das Sprüchwort sehr wahr einzutreffen: „Das Ende taugt weniger, als das Stück." Denn wir fanden an dieser Grenze von Holland, Kälte und Grobheit im Betragen, ohne die angenehme Reinlichkeit dieser letztern Nation.

Kleve, Stiftskirche mit Marktplatz
(Kupferstich von De Beyer, um 1750)

Die Häuser aber sind von artig ländlichem Ansehen, die Hecken und Bäume äusserst nett beschnitten und die Gärten ringsum niedlich geordnet.

Carl ging in der Stadt umher, weil sie seinem König gehört, und freute sich, in dem Schloß ein Mädchen aus Berlin angetroffen zu haben, welche auch an seiner Aussprache fand, daß er aus der Hauptstadt komme.

Er verlangte nur, auf den Schloßturm zu steigen, um Alles zu übersehen. Aber sie führte ihn auch in dem ganzen merkwürdigen Gebäude umher, sprach sehr artig von den Antiquitäten und den Gelehrten, welche den Herrn Präsidenten immer besuchten, zeigte ihm in dem alten, mit Säulen verzierten Saal die Stellen, wo die weiße Frau herumwandelt, wenn jemand aus der königlichen Familie sterben soll. Ja, setzte sie hinzu, man hat sie unlängst, traurig an eine Säule angelehnt, gesehen. Neben dieser Gespenstergeschichte machte sie ihn auf die Bedeutung eines alten allegorischen Gemäldes aufmerksam, wo die Weisheit aus den Wolken herabsteigt und dem mit Büchern und mathematischen Instrumenten umgebenen nachdenklichen Manne sagt: „Alle deine Wissenschaft hat wenig Verdienst, wenn du sie nicht in nützlicher Ausübung zeigst.“

Die Stadt ist artig und die Gegend sehr angenehm, welche man erst recht bemerkt, wenn man auf der Höhe des Sternbergs ist, welcher einen Teil des schönen Tiergartens ausmacht, der in Sternalleen durchschnitten ist.

Brandenburg und Pfalz zankten und bekriegten sich lange um das Erbe des letzten Herzogs von Cleve, Jülich und Berg, bis es bei dem westfälischen Frieden geteilt wurde und Brandenburg das Herzogtum Kleve erhielt. – Es ist angenehm zu hören, wenn Untertanen sagen: „Einer von unsern angebornen Herzogen hatte 64 Kinder von Gemahlinnen und Liebsten, aber gewiß hätte uns keines davon so glücklich gemacht, als wir jetzt es sind."

Es wird so oft behauptet: daß große Genies selten glückliche Menschen machen. Ich freute mich also, daß der große Geist Friedrichs des Zweiten auch darin alle Männer von Genie übertrifft.

Hier sind noch Anhöhen, von welchen man allmählich Abschied nehmen muß. Wir trafen den Weg aufwärts groben Sand, mit vielen Steinen vermengt, zu beiden Seiten aber Buchen, mit tausend Büschen junger Eichen, zwischen welchen der Boden mit blühendem Heidekraut bedeckt ist, in dem abgesetzt Farrenblattbüsche stehen, und das Ganze sehr zierlich machen. Oben erblickt man eine weite Landschaft, in welcher der seinen Namen verlierende Rhein, als Waal, in schönen Wendungen dem Ende seiner Bestimmung zufließt. Hier ist aber wieder tiefer Sand, welcher das geschwinde Fahren hindert. Aber gegen Nimwegen steht Alles freundlich und rein um die niedlichen Landhäuser her. Man baut meist Heidekorn und Hafer, und immer trafen wir blau blühende Erdäpfel. Eine große Strecke mit frischaufwachsenden

Das Amphitheater zu Kleve, um 1825
(Lithographie von Jobard nach einer Zeichnung
von G. H. Zanders)

Eichen freute mich ungemein, wegen dem wohltätigen Gedanken des Pflanzers, welcher dadurch den nachkommenden Enkeln so nützlich wird.

Nimwegen, den 18. August.

Wir bewunderten den Wohlstand und die Nettigkeit der Stadt, schon bei der Annäherung, an der Unterhaltung und Gestalt ihrer Mauern; staunten aber auch darüber, daß mitten im Frieden, selbst alle abgesetzte Festungsteile mit Soldaten bestellt sind. Mit Vergnüngen bemerkten wir, daß die Offiziere noch orangefarbene Schärpen tragen und hörten gleich im Gasthof: daß der Statthalter den Winter da zubringen würde.

Wir sahen noch die Kirche, welche von gelblichen Sandsteinen erbaut ist und einst mit gotischen Zieraten besetzt war, welche von der Luft zerfressen wurden und abfielen, weswegen man sie ganz wegmachte und den Turm niedriger baute. Man änderte auch von Innen die spitzen Gewölbe, brach größere Fenster und gab also dem Ganzen ein neues Ansehen, welches durch die mit Recht berühmte Orgel vermehrt wird, indem sie nicht nur in ihrem Ton, sondern auch in ihrer äussern Verzierung alle Vorzüge des Schönen und Edlen dieser Werke vereint.

Ich bedaure, daß die Leute, welche uns umgaben, weder den Namen des Baumeisters der Kirche, noch den des Orgelmachers wußten, welcher so viele Kunst mit so viel Geschmack vereinte.

Die Grabstätte der Vornehmen sind an der Seite der Kirche umher, und an den Wänden hängen ihre Wappen, auf Holz gemalt, in breiten schwarzen Rahmen gefaßt. Es ist aber doch sonderbar, daß man seit Jahrhunderten bemerken mußte: wie die dem Andenken der Toten gewidmeten Steine von den Lebenden, für die sie mit Wappen behauen und mit Inschriften versehen sind, ausgetreten und verlöscht werden. Wenige sagten: „Ich will den Namen meiner Geliebten diesem Schicksal nicht aussetzen, sondern sie vor Fußtritten bewahren, und auch die Inschrift abkürzen, damit sie gerne gelesen werde."

Die Bauart der Häuser trägt unendlich viel zu dem reinlichen Aussehen der Stadt bei, weil sie alle von geschliffenen Ziegelsteinen erbauet und mit weiß angestrichenen Fugen geziert sind, meist große und viele Fenster haben, welche von Spiegelgläsern, in weiße Rahmen gefaßt, zum Aufschieben gerichtet sind, und alle Tage geputzt werden.

Der Markt ist ein schöner Platz. An den Häusern nehmen sich die schön gemalten Holzbänke, welche auf eisernen Füssen mit hellglänzenden Messingknöpfen ruhen, gut aus, und der Boden am Hause hin ist mit weiß und schwarzen Steinen geplattet.

An dem lateinischen Schulhause stehen Statuen, welche die Wissenschaften und Bilder alter Gelehrter vorstellen und viele Denksprüche aus dem 15ten Jahrhundert zur Seite haben. Das Rathaus ist mit Brustbildern alter Kaier und mit den Sinnbildern der Gerechtigkeit und Gnade geziert, welche noch von der Zeit herrühren, wo Nimwegen eine Reichsstadt war.

Belvedere, Nijmegen 1835
(Lithographie von J. F. Christ)

Im Innern herrscht die größte Reinlichkeit und Ordnung. Artig war der Ernst und die Ehrfurcht, mit welcher der Mann, der uns herumführte, die Namen der Stände nannte, welchen dieses oder jenes Zimmer gehört. In allen sind außerordentlich große Kamine aus Marmor, an denen der vorragende Einfang der Hitze mit Säulen gestützt ist; oben aber sind viele messingene Handhaben befestigt. Carl fragte nach ihrem Gebrauch, und wir hörten, daß es zum Dienst der Ratsherren sei, wenn sie die Füße am Feuer wärmen wollten; sie halten sich dann hier an und erheben wechselweise die Füße.

Ein Gemälde von Rubens – David, mit der Harfe knieend, und der Ausdruck seiner Gesichtszüge so, als ob er mit tiefer Ehrerbietung vor Gott, einen seiner Bet- und Lobpsalmen mit der Harfe begleitete – dünkte uns ganz vortrefflich, und wir betrachteten es mit Vergnügen. Ein Schauer durchdrang aber nachher jeden von uns bei Eröffnung des Kästchens, in welchem das Schwert aufbewahrt wird, mit welchem der grausame Herzog von Alba die Grafen von Egmont und Hoorn enthaupten ließ. Das ist wirklich für ein gefühlvolles und mit der Geschichte der Niederlande bekanntes Herz ein trauriger Anblick.

Der Mann hatte nun, wie er sagte, nicht Merkwürdiges mehr zu zeigen und wir gingen zurück, um recht gut Turbot zu essen.

Nachher besuchten wir die große Promenade und das Belvedere. Erste beinah schöner als der Spaziergang der

Tuillerien in Paris, nur fehlt ihrem vollkommenem Glanz die Menge artiger Frauenzimmer und galanter Herren. Sie ist auf einer Anhöhe, von welcher man bei jedem Schritt eine vergrößerte Aussicht auf die Waal und die umliegende große Ebene hat. Das Belvedere ist ein artiger, am äußersten Ende des höchsten Festungswerks aufgeführter Turm mit vier Stockwerken, und eben so vielen niedlich eingerichteten Zimmern, wo man hingeht, ein Frühstück oder Abendbrot zu essen und die schöne Aussicht dabei zu genießen.

Es war für uns artig und neu, von einer solchen Erhöhung rings an dem Horizont eine Menge Turmspitzen zu erblicken und die Gegenden darnach benennen zu hören; wie man bei uns Berge erscheinen sieht und die Landschaft daran erkennt.

Alles ist dichtgrün, nur die Häuser von roten Ziegelsteinen zeichnen sich aus, und der nun sehr breite und tiefe Strom glänzt zwischen unabsehbaren Wiesen und Alleen.

Ein Offizier redete uns mit vieler Höflichkeit an, sprach uns von seinem Aufenthalt und den Kriegen auf den ostindischen Inseln und in Surinam; als er aber das Gemälde von den beschwerlichen Gefechten gegen die natürlichen Einwohner, besonders der Gefahr der mit lauter wilder Aloe bewachsnen Wälder vorstellen wollte, so erblickten wir in dem Wenden der Allee etlich zwanzig artig gekleidete Bauernmädchen, alle in weißen Schürzen, welche, mit ihren hell glänzenden roten und gelben kupfernen Milchtöpfen auf dem Kopf und am Arm an der Hecke der Promenade vorbei, den Berg hinunter ihren Schiffen zueilten, worüber wir Inseln und Soldaten vergaßen, von dem Glück des holländischen Landmannes sprachen, und nach Hause zurückgingen.

Der alte Hafen von Nijmegen, um 1850
(Öl / Holz, von Peter Martinus Post)

Von Nimwegen nach Rotterdam, den 19. August.

Wir haben in einem niedlichen Zimmer gespeist, in einer artigen Stube geschlafen, sind durch die Stadt gegangen und haben noch über die häßlichen Fratzen gelacht, welche an Häusern und Buden als Zeichen ausgestellt sind. Dann schifften wir uns ein; betrachteten noch die Gegend und nachdem unsere Reisegefährten.

Ein Herr van der Werf wurde uns schon durch seinen Namen schätzbar, weil er uns an den großen Maler erinnerte, dessen Meisterstücke in der Galerie zu Düsseldorf und in dem Kabinett der Grafen von Kageneck in Freiburg glänzen. Dann machte ein Schwabe mit seiner Frau mich aufmerksam; ich redete sie an und erfuhr, daß sie aus dem Gebiete von Althausen kamen und nach Philadelphia gehen, wo der Mann schon lange bei einem Brandweinbrenner diente, welches ein sehr einträgliches Gewerbe ist. Nun kam er herüber, sein kleines Erbe und eine große starke Frau zu holen, und sie mit ihrem Kinde hinüber (als ob er von dem andern Ufer der Waal redete) zu führen. Sie freuten sich, so gut schwäbisch reden zu hören; meine Unterredung dauerte aber nicht lange, denn sie gingen in Tiel von uns. Die Frau nahm die Wiege mit dem Kinde auf den Kopf und der Mann die Trage mit der Kleidung und Weißzeug auf den Rücken und so setzten sie ihren Weg zu Fuß weiter fort. Wir aßen zu Mittag und besahen dann Tiel, ein ganz niedlicher Ort, welcher ehemals in dem Bund der Hansestädte und auch als Festung eine Rolle spielte, jetzt aber ruhiges Gewerbe treibt. Wir gingen zu einer Holländerin, welche uns ihr ganzes Wirtschaftswesen und alle Schränke zeigte. Alles ist nett, alles gescheuert und geziert. In guten Bürgerhäusern hat man bei uns noch Spitzen an den Kopfbezügen und Betttüchern: hier waren mit dieser Art Spitzen alle Gefache besetzt, wo die Porzellantassen und die Gläser standen, und auch die Bretter in den Weißzeugschränken waren damit behangen.

Bei dieser Gelegenheit lernten wir auch die zwei Offiziere, welche mit uns reisten, besser kennen, und sie wurden traulicher. Der eine: Herr von Putliz, Hauptmann in dem Regiment von Hessen-Darmstadt, ein artiger Mann; der andere: von der salmischen Legion, erzählten ihre Geschichten. Ein holländischer Mennonit, welcher mit seiner Frau alle guten deutschen Schriften liest, aber sehr gegen den Prinzen von Oranien aufgebracht ist, machte uns guten Tee zurecht, weil die Schiffleute zu Zaltbommel landeten, und wir sie geduldig erwarten mußten.

Zaltbommel hat den Stolz zu sagen, daß sie schon von den Zeiten des Julius Cäsars in Ansehen stand. Ich fand die Stadt mit einem artigen Turm geziert, im ganzen sehr rein, ein allerliebstes Landhaus und Garten ganz nahe bei ihr, und ich freute mich bei der Überfahrt, wo Pferde, Fuhrwerke und Menschen von dem andern Ufer der Waal nach Zaltbommel übergebracht werden, den Überrest einer holländischen Hochzeitsgesellschaft zu sehen, welche bei einer Schenke am Wasser, unter einer Laube, sich lustig machte.

Aber weit war ich von der Erwartung entfernt, in wenigen Minuten nachher in dem kleinen Stübchen des Regulairschiffs von Wieland, von Jerusalem, Rabner, Klopstock und Goethe sprechen zu hören. Der Mennonit brachte mich während dem Einschenken und Einschlürfen seines Tees in dieses angenehme Staunen. Aber meine Töchter denken wohl auch, daß diese Gegenstände, neben der Betrachtung der Gegend, den übrigen Teil des Tages reichlich ausfüllten. Doch muß man auch sagen, daß entweder eine gute Gesellschaft oder gute Bücher nötig sind, indem die großen Strecken platten Landes zu beiden Seiten des Ufers des nunmehr sehr breiten Stroms durch die große Einförmigkeit unabsehbarer Wiesen wenig Unterhaltung geben.

Mir war die vollkommene Ruhe, welche im Lande zu herrschen scheint, dennoch sehr angenehm. Einzelne Bauernhäuser und dann Fischerwohnungen liegen so traulich, so nett gebaut, und mit so viel Wohlstand umgeben in den Armen des Friedens und ungestörten Besitzes. Das Grün des Grases, der Kräuter, der Weiden und Büsche, ist so glänzend, so reich an Blättern und vollkommenen Säften, daß das Auge mit süßer Ruhe darauf verweilt.

CIP-Kurztitelaufnahme der Deutschen Bibliothek

La Roche, Sophie von: Niederrheinisches Tagebuch /
Sophie von La Roche.
Hrsg. und eingel. von Günther Elbin. – 1. Aufl. –
Duisburg: Mercator-Verlag, 1985
(Edition Mercator)

ISBN 3-87463-124-9

Titelbild: J. Caspar Scheuren, Schloß Jägerhof
Aquarell 1840
Stadtmuseum Düsseldorf, Düsseldorf

Bildnachweis:

Landesbildstelle Rheinland, Düsseldorf,
Seiten 24, 35, 38, 40, 45, 48

Stadtmuseum Düsseldorf, Düsseldorf, Seiten 30/31, 43

Städtisches Museum Haus Koekkoek, Kleve,
Sammlung Angerhausen, Seite 51

Sammlung Nijmegen, Museum, Seiten 55, 59